Vente du Samedi 28 Mai 1864

OBJETS DE LA CHINE

ET DU JAPON

Exposition publique le Vendredi 27 Mai 1864

Me Charles PILLET, Commissaire-Priseur

MM. MANNHEIM, Experts

PARIS, IMPRIMERIE DE PILLET FILS AÎNÉ,
5, RUE DES GRANDS-AUGUSTINS.

CATALOGUE

D'UNE JOLIE RÉUNION

D'OBJETS DE LA CHINE

ET DU JAPON

Jolies Pièces en jade de diverses nuances ;
Cristaux de roche ; Agate orientale ; Émaux cloisonnés ;
Jolie Garniture de trois pièces en cuivre émaillé à gouttelettes ; Bronzes incrustés et autres
Porcelaines de Chine, telles que :
Vases en céladon turquoise de belle qualité ; Pièces dites d'échantillon ;
Vases en céladon fleuri, en céladon gaufré, en porcelaine craquelée ;
Autres Vases fond jaune impérial et haricot rouge ;
Laques du Japon et de Pékin ;
Objets variés

DONT LA VENTE AURA LIEU

HOTEL DROUOT, SALLE N° 5

Le Samedi 28 Mai 1864

A DEUX HEURES

Par le ministère de Me **CHARLES PILLET**, Commissaire-Priseur,
rue de Choiseul, 11

Assisté de MM. **MANNHEIM**, Experts, rue de la Paix, 10,

Chez lesquels se distribue le présent Catalogue.

EXPOSITION PUBLIQUE

Le Vendredi 27 Mai 1864, de une heure à cinq heures.

CONDITIONS DE LA VENTE

Elle sera faite au comptant.

Les adjudicataires payeront *cinq pour cent* en sus des enchères, applicables aux frais.

Paris. — Imprimerie de Pillet fils aîné, rue des Grands-Augustins, 5.

DÉSIGNATION
DES OBJETS

Emaux cloisonnés

1 — Jolie garniture de trois pièces émaillées à gouttelettes.
La cassolette, de forme carrée, à arètes en relief et à
anses surélevées, repose sur quatre pieds à tètes chimériques en bronze doré ; son couvercle, repercé à
jour, est surmonté d'un petit vase.

Les cornets, de forme carrée, à panses renflées,
sont enrichis d'arètes en relief et de grecques gravées
en creux.

Ces trois pièces sont couvertes d'ornements et de
fleurs émaillés de couleurs variées en relief sur un
fond de bronze doré réservé.
Haut. des cornets, 29 cent.; haut. de la cassolette,
38 cent.

2 — Cornet en émail cloisonné, à panse renflée et à arêtes
en relief, enrichi dans toutes ses parties de fleurs et
d'ornements émaillés en couleurs sur fond bleu foncé.
Haut., 25 cent.

3 — Brûle-parfums de forme sphérique aplatie, reposant sur
une colonne élevée à large base ; le tout émaillé à ornements de couleurs variées sur fond bleu turquoise.
Haut., 32 cent.

4 — Très-joli vase de forme ovoïde en cuivre repoussé à
fleurs et ornements de style rocaille en relief et dorés sur fond émaillé bleu d'empois ; il est enrichi sur
ses deux faces de jolis médaillons paysages finement
peints sur émail. Travail exécuté en Chine par des
Européens. Haut., 29 cent.

5 — Petit vase à panse sphérique et gorge évasée en émail
cloisonné à fleurs et ornements en couleurs sur fond
bleu turquoise. Haut. 11 cent.

6 — Jolie petite bouteille en émail cloisonné à fleurs et ornements en couleurs sur fond bleu turquoise. Belle
qualité. Haut., 14 cent.

7 — Petit plateau rond, orné à son centre d'un petit vase
pouvant servir de porte-lumière ; le tout en émail
cloisonné à ornements en couleurs sur fond bleu turquoise. Diam., 12 cent.

8 — Petite boîte ronde de forme sphérique aplatie, en émail cloisonné à fleurs en couleurs sur fond bleu turquoise.

9 — Très-petit brûle-parfums de forme carrée à ornements en couleurs sur fond bleu turquoise, et reposant sur quatre pieds en bronze doré.

10 — Petite boutcille à grosse panse en émail cloisonné, fond rose uni et dessin à bâtons rompus dorés et réservés.

Matières précieuses

11 — Jade blanc. Grand et beau vase en forme d'aiguière à six pans, à anse prise dans la masse et à couvercle épousant les contours du vase, et imitant un animal chimérique.

Cette pièce curieuse est enrichie dans toutes ses parties d'arêtes et d'ornements finement gravés en relief. Socle en bois sculpté.. Haut., 23 cent.

12 — Jade verdâtre. Cassolette de forme carré-long, à anses chimériques prises dans la masse et à arêtes et ornements gravés en relief; le couvercle, repercé à jour, a un bouton formé par un animal chimérique. Socle en bois sculpté repercé à jour. Haut., 17 cent.

13 — Jade verdâtre. Joli brûle-parfums de forme ronde, à
anses et anneaux mouvants pris dans la masse et
arêtes et ornements en relief sur la panse; le couvercle est enrichi d'ornements très-finement repercés
à jour et de petits animaux couchés en ronde-bosse.
Socle en bois sculpté. Haut., 10 cent.

14 — Jade blanc. Coupe en forme de fruit, à branchages pris
dans la masse et à couvercle repercé à jour. Joli socle
en bois repercé à jour et incrusté de filets d'argent.

15 — Jade blanc. Petit vase en forme de bouteille plate, à
côtes et chauves-souris en relief sur la panse Il repose sur un charmant petit socle en jade vert finement sculpté et repercé à jour. Haut. totale, 12 cent.

16 — Jade blanc. Petit vase, forme balustre aplati, à animaux
et ornements sculptés en relief et à anses prises
dans la masse. Haut., 115 millim.

17 — Jade verdâtre. Joli petit vase, forme balustre carré, en
richi de frises ornementées et à anses prises dans la
masse et repercées à jour. Haut., 165 millim.

18 — Jade gris. Pressé-papier formé d'un groupe de rocher
et d'animaux sculptés et repercés à jour. Socle en
bois sculpté repercé à jour.

19 — Jade verdâtre. Petite boîte en forme de courge, à branchages sculptés en relief. Socle en bois incrusté de
filets d'argent.

20 — Imitation de turquoise. Flacon en forme de fruit, avec
bouchon branche de corail.

21 — Agate orientale. Jolie coupe de forme contournée, à
anses animaux chimériques pris dans la masse et repercés à jour.

22 — Cristal de roche. Petit encrier en forme de fruit, à branchages repercés à jour.

23 — Cristal de roche. Coupe forme fruit, à feuilles en relief
et à anse repercée à jour.

24 — Agate orientale. Coupe de forme contournée, à anse
animal chimérique et branchages pris dans la masse
et repercés à jour.

25 — Jade vert. Deux jolis écrans de forme ronde, enrichis
sur leurs deux faces de paysages montagneux, avec
figures sculptées en relief. Socles supports en bois
sculpté repercé à jour.

Laques

26 — Laque rouge de Pékin. Joli cabinet, orné sur toutes ses
faces de dragons à cinq griffes se jouant dans les
flots et de bordures à rosaces en relief. La porte est

enrichie d'ornements divers en jade blanc sculpté
reperçé à jour et incrustés. Il contient des tiroirs à
l'intérieur et a des poignées en bronze doré.

27 — Laque rouge de Pékin. Cabinet semblable à celui qui
précède.

28 — Laque rouge de Pékin. Petite boîte de forme longue à
quatre lobes, à médaillons de personnages et fleurs
finement sculptés en relief.

29 — Laque rouge de Pékin. Autre petite boîte de forme contournée, à côtés rentrants, enrichie d'ornements en
relief.

30 — Laque rouge de Pékin. Petite boîte de forme contournée, à ornements en relief.

31 — Laque rouge de Pékin. Deux boîtes rondes dont les
couvercles sont ornés de paysages en relief; le pourtour est enrichi de rosaces.

32 — Laque d'or du Japon. Jolie trousse de médecin, à
feuillages en or et volatiles en bronze finement
ciselé de différents tons de patine appliqués en haut
relief.

33 — Laque burgauté. Petite boîte de forme contournée, à
rosaces finement burgautées sur fond noir.

34 — Laque burgauté. Six plateaux carrés à angles arrondis et rentrants, ornés de paysages traversés par des cours d'eau et de personnages finement burgautés sur fond noir.

35 — Ivoire. Pitong en ivoire à paysage et figures finement gravés, et portant deux lignes de caractères.

Bronzes

36 — Bronze de la Chine. Brûle-parfums de forme carrée, reposant sur quatre pieds droits, enrichi d'arêtes et d'ornements en relief. Le bouton du couvercle est formé par un groupe en jade blanc, oiseaux et feuillages sculptés et repercés à jour. Socle en bois de fer. Haut., 28 cent.

37 — Bronze de la Chine. Petit vase forme balustre carré, enrichi d'incrustations en argent. Socle en bois sculpté. Haut., 9 cent.

38 — Bronze de la Chine. Boîte ronde à fleurs dorées en relief sur le couvercle, et grecques incrustées d'argent au pourtour.

39 — Bronze du Tonkin. Cassolette ronde, à fleurs et ornements finement gravés et à pieds et anses en bronze doré; le couvercle est orné de fleurs gravées, dorées et repercées à jour.

40 — Bronze de la Chine. Cassolette ronde à deux anses, enrichie d'ornements et d'animaux en relief dorés. Diam., 15 cent.

41 — Bronze de la Chine. Brûle-parfums carré à couvercle à galerie repercée à jour, et surmonté de deux chimères et d'une boule formant bouton.

42 — Bronze du Japon. Jardinière carrée à angles arrondis et rentrants, enrichie d'ornements gravés et reposant sur quatre pieds cintrés. Long., 25 cent.

43. — Bronze du Japon. Autre jardinière carrée, enrichie de volatiles et de vagues en relief. Long., 14 cent.

44 — Bronze du Japon. Coupe ronde enrichie d'ornements en relief sur la panse et reposant sur un piédouche à trépied. Diam., 16 cent.

45 — Bronze du Japon. Coupe de même forme et de travail analogue; le pied est formé de vagues figurées. Diamètre, 16 cent.

Porcelaines

46 — Grand et beau vase, forme balustre carré, en céladon bleu turquoise uni, à anses têtes chimériques et anneaux en relief. Haut., 41 cent.

47 — Joli vase de forme cylindrique en porcelaine de Chine, fond bleu fouetté et décor de fleurs et d'ornements en or. Haut., 45 cent.

48 — Vase forme balustre à anses repercées à jour, en porcelaine de Chine craquelée et à bandes à ornements gaufrés réservés en brun. Haut., 35 cent.

49 — Grand vase en céladon fleuri, fond bleu d'empois et décor de fleurs et papillons en rouge de cuivre, en blanc et en bleu foncé. Haut., 48 cent.

50 — Jolie gargoulette en céladon bleu turquoise uni. Haut., 30 cent.

51 — Vase en forme de bouteille, de même porcelaine et de même qualité. Haut., 31 cent.

52 — Vase en forme de balustre bas, surmonté d'une gorge droite élevée, en céladon bleu turquoise. Haut., 30 cent.

53 — Petit cornet en céladon bleu turquoi , à ornements gaufrés et gravés, sous émail. Haut., 19 cent.

54 — Vase en forme de flacon carré, en céladon bleu turquoise, à arêtes et bandes droites en relief. Haut., 20 cent.

55 — Joli vase en forme de gourde plate, à deux anses repercées

à jour, reliant la gorge au corps du vase, en porcelaine de Chine décorée en vert tendre d'un beau ton.
Haut., 50 cent.

56 — Jolie gargoulette en porcelaine de Chine, fond jaune
impérial, et décorée de dragons et de nuages gravés
et émaillés vert. Haut., 31 cent.

57 — Vase de forme sphérique en céladon vert d'eau, à fleurs
gaufrées, sous émail et à dragon en relief sur la
panse. Haut., 22 cent.; diam., 27 cent.

58 — Joli vase en forme de gros balustre, à anses, têtes chimériques à jour, en porcelaine de Chine, fond haricot
rouge légèrement flambé. Haut., 34 cent.

59 — Vase forme balustre, à large ouverture, en porcelaine
de Chine, fond vert d'eau, à dragons et ornements
gaufrés sous émail et anses, têtes chimériques et anneaux en relief réservés en brun. Haut., 36 cent.

60 — Vase de forme analogue, en porcelaine de Chine
flambée rouge sur fond gris. Haut., 35 cent.

61 — Vase en forme de balustre renversé à ouverture très-
étroite, en porcelaine de Chine, fond jaune uni et
dragon à cinq griffes, gravé et émaillé vert. Haut.,
35 cent.

62 — Vase à couvercle, à panse sphérique, en porcelaine de

Chine, fond blanc et décor de chauve-souris et nuages en émaux de couleurs. Haut., 30 cent.

63 — Deux vases, forme balustre, à ouverture étroite, en porcelaine craquelée, l'un d'eux décoré de branchages en bleu uni, l'autre décoré de fleurs et de feuillages en brun et bleu. Haut., 40 cent.

64 — Vase forme balustre en porcelaine de Chine, fond rouge haricot. Haut., 44 cent.

65 — Deux vases carrés, à anses têtes d'éléphants en relief, décorés en bleu uni. Haut., 30 cent.

66 — Petite gargoulette à col renflé, en céladon vert d'eau à fleurs gaufrées sous émail. Haut., 24 cent.

67 — Vase forme bouteille, à panse large, en porcelaine fond vert uni et à anses têtes chimériques dorées. Haut., 31 cent.

68 — Vase très-curieux en forme de rocher, en ancien blanc.

69 — Gargoulette en porcelaine de Chine fond blanc, à décor d'animaux en rouge de cuivre. Haut., 31 cent.

70 — Gargoulette à collerette en porcelaine de Chine, décorée de dragons, fleurs et ornements en rouge de cuivre et bleu. Haut., 32 cent.

71 — Vase forme bouteille en porcelaine de Chine, à décor
de dragon en rouge de cuivre et nuages et ornements
bleus. Haut., 35 cent.

72 — Vase en forme de gourde, à deux anses, en porcelaine
de Chine gaufrée, à ornements et émaillé vert uni.
Haut., 27 cent.

73 — Vase en forme de courge, en porcelaine de Chine, fond
vert d'eau uni, à décor d'or et anses formées par des
papillons émaillés. Haut., 26 cent.

74 — Vase de forme carrée, en porcelaine de Chine, à décor
de paysages et de personnages émaillés. Haut., 39 c.

75 — Vase de même forme, de décor analogue et portant des
inscriptions. Haut., 39 cent.

76 — Petite potiche en porcelaine de Chine, à décor de personnages et cavaliers émaillés, et rochers en camaïeu
bleu. Haut., 28 cent.

77 — Joli petit vase en porcelaine de Chine craquelée et à
bandes et anses réservées en brun. Haut., 19 cent.

78 — Vase de forme ovoïde en porcelaine de Chine, fond
blanc, et dragon gaufré et gravé sous émail. Haut.,
22 cent.

79 — Petite gargoulette en porcelaine de Chine, fond blanc

et décor d'ornements et d'attributs divers en bleu.
Haut., **22** cent.

80 — Deux petits vases de forme ovoïde en porcelaine de
Chine, fond blanc et décor de fleurs en bleu. Doubles
fonds en cuivre à bords gravés. Haut., **11** cent.

81 — Jardinière ronde en porcelaine de Chine, décorée de
fleurs, d'ornements et d'attributs divers émaillés en
couleurs. Diam., **22** cent.

82 — Joli vase, forme bouteille, à gorge évasée, en céladon
bleu turquoise uni de très-beau ton. Haut., **32** cent.

83 — Petit vase forme balustre, en céladon bleu turquoise uni.
Haut., **14** cent.

84 — Bol en porcelaine de Chine, à décor de personnages et
ornements divers, finement émaillés. Diam., **19** cent.

85 — Petit vase forme balustre, en porcelaine de Chine craquelée et décorée de fleurs et ornements émaillés.
Haut., **17** cent.

86 — Autre vase forme balustre, en porcelaine craquelée et
décor de fleurs. Haut., **155** millim.

87 — Petit vase en porcelaine craquelée et bande ornementée
émaillée. Haut., **12** cent.

88 — Pitong en porcelaine de Chine, à décor de personnages émaillés sur fond blanc. Haut., 13 cent.

89 — Autre pitong à médaillons, attributs divers et fond à quadrilles émaillés noir et vert. Haut., 12 cent.

90 — Vase à couvercle, en porcelaine de Chine, fond blanc et décor de fleurs et ornements en bleu. Haut., 19 cent.

91 — Très-petit vase en porcelaine de Chine émaillée vert uni. Haut., 8 cent.

92 — Petit vase forme ovoïde, à décors de fleurs émaillées sur fond blanc. Haut., 8 cent.

93 — Perroquet en porcelaine de Chine, décoré au naturel. Haut., 19 cent.

94 — Groupe de deux chimères, en grès brun et à dents émaillées blanc. Haut., 43 cent.

95 — Figurine de mendiant debout, en grès émaillé en partie. Haut., 43 cent.

www.ingramcontent.com/pod-product-compliance
Lightning Source LLC
LaVergne TN
LVHW020850200726
843508LV00003B/1125